© 2019 Ilona Steinert
DE-79104 Freiburg

www.ilona-steinert.de

Verlag und Druck: tredition GmbH, Halenreie
40-44, 22359 Hamburg

ISBN Paperback: 978-3-7497-7237-7

ILONA STEINERT

Neue Kraft für das nächste Jahr

Mein Rauhnächte Tagebuch

Neue Kraft für das nächste Jahr

Zwischen den Jahren – dieser Ausdruck sagt aus, was das Besondere an den Rauhnächten ist: Sie gehören weder zum alten noch zum neuen Jahr. Sie sind ein bisschen wie ein Niemandsland, oder ein geheimnisvolles Grenzland.

Vielleicht hast du bisher geglaubt, die Rauhnächte passen nicht mehr in unsere Zeit, denn die Uhren ticken schneller, die Erlebnisdichte ist um ein Vielfaches höher als vor 100 oder 200 Jahren. Es wird viel von uns gefordert und nicht selten fühlen wir uns wie Gejagte.

Viel erleben, viel haben, viel bewegen, das heißt meist auch: Viel organisieren, viel leisten. Ein ruhiger Gegenpol zum aktiven Leben ist heute unverzichtbar Ich möchte dir deshalb gerne bewusst machen, wie wertvoll dieses geheimnisvolle Grenzland für dein Leben sein kann.

Denn diese Zeit kannst du nutzen, um innezuhalten und Kraft zu schöpfen. Auch wenn du weiter deiner Arbeit nachgehst oder deine Familie versorgst, kannst du dir ein bewusstes Schlupfloch für Regeneration, Innenschau und Neuorientierung schaffen. Du kannst es sogar so gestalten, dass es dir neuen Schwung und Freude bis weit ins neue Jahr hinein gibt Es braucht nicht viel Zeit, aber liebevolle Hinwendung an dich, deine unbewussten Wünsche und deinen Lebensplan.

Inzwischen gibt es viele Bücher zur Tradition und zu den alten Bräuchen der Rauhnächte. Vielleicht hast du dich schon ausgiebig darüber informiert. Denn diese zu erklären, ist nicht mein Ansinnen.

Mit dem Buch, das du gerade in den Händen hältst, nähern wir uns den Rauhnächten von einer weniger bekannten Seite: Als Zeit der Vorausschau auf das kommende Jahr. Eine Besonderheit ist es nämlich, dass, seit alters her, jede der zwölf Nächte einem Monat des kommenden Jahres entspricht. Es lohnt sich deshalb 12 x zu lauschen, zu beobachten und unterstützende Kräfte kennenzulernen.

Du bist eingeladen, dich inspirieren und auf neue Pfade des Wahrnehmens locken zu lassen. Die Rauhnächte beschenken dich auf jeden Fall mit ungewöhnlichen und neuartigen Einsichten.

Vorbereitung

Während der 12 Nächte kannst du dir vornehmen, dich jeden Morgen und Abend für eine kurze Zeit aus dem Alltagsgeschehen herauszunehmen. Zeit für dich selbst. Besondere Zeit, besonderer Ort.

In dieser Zeit steigst du aber nicht aus etwas aus, sondern eher ein: In die Wünsche deines Herzens, die Sehnsucht deiner Seele und in deine ureigene Kraft.

Beginnen wirst du bei Einbruch der Dämmerung, wenn dein Tagesablauf es schon zulässt. Selbstverständlich geht auch ein späterer Zeitpunkt am Abend. Es ist aber wichtig, dass du dich nicht stören lässt. Vielleicht machst du ein kleines Ritual aus der Zeit mit deinem Tagebuch.

Abends:

Du zündest eine Kerze an, machst es dir gemütlich und schaffst eine schöne Atmosphäre. Genieße es, wenn du dich gelassen auf einem Sessel oder dem Boden niederlässt.

Jetzt halte inne.
Tu zuerst nichts weiter, als dich im Zimmer umzuschauen.
Das ist dein Lebensraum, in diesem Moment.
Spüre deinen Körper wie er dasitzt und atmet.
Dieser Körper der dich im Leben trägt und für dich da ist.
Dann schließt du die Augen und legst deine Hand auf dein Herz, spüre einen Moment deine eigene Energie, dich selbst. Atme ruhig und lass den Kopf aus dem Spiel.

Frag Dich liebevoll:
„Wie fühlt sich dieser Tag für mich an? In welcher Stimmung bin ich?"

Stell dir dann bildlich vor, was du dir für den entsprechenden Monat und für das ganze kommende Jahr wünschst. Dann öffnest du deine Augen wieder und schreibst in dieses Tagebuch.

Nimm deine Bilder und Gefühle später noch einmal mit in die Nacht, in deine Träume und erspüre oder erlebe die Botschaften dazu am folgenden Tag.

Morgens:

Am nächsten Morgen beginnst du den Tag, indem du, möglichst gleich nach dem Aufwachen, in das Buch schreibst. Erfahrungsgemäß brauchst du dafür nicht mehr als 3 Minuten.

Natürlich ist es nicht leicht, diese vielleicht ungewohnte Übung ausgerechnet im vor - oder nachweihnachtlichen Trubel einzubauen. Doch gerade das schult dich darin, dich selbst wichtig zu nehmen. Dich selbst an eine wertvolle Stelle in deinem Leben zu setzen.

Lass dir diese besondere Zeit nicht nehmen, sondern nimm sie dir. Erlaubt ist, was sich für dich und dein Herz richtig anfühlt.

Das sind meine Visionen für das kommende Jahr:

_____

_____

_____

_____

_____

_____

_____

_____

_____

_____

_____

_____

_____

_____

Träumen in den Rauhnächten

Träume sind Botschaften. Mal kommen sie aus der Vergangenheit, dann wieder aus der Zukunft. Oder sie spiegeln wider, was uns insgeheim bewegt. Sie sind die ehrlichsten und aufrichtigsten seelischen Äußerungen des Menschen. Denn im Schlaf ist die Seele frei von den Behinderungen des Körpers und seinen Begrenzungen.

Die inneren Bilder, die in unseren Träumen auftauchen, sind das archetypische, über Jahrtausende im Menschen gewachsene Wissen.

Wichtig sind die Symbole, die in unseren Träumen erscheinen, um eine konkrete Situation näher zu beleuchten. Sie erscheinen, um uns anzuregen, um uns etwas zu vermitteln oder um uns aufmerksam zu machen.

Traumsymbole bedeuten jedoch nicht für jeden Menschen dasselbe, darum muss man sich an sie herantasten und sich fragen:

*   Welche Gefühle hatte ich in meinem Traum?
*   Mit welcher Gestalt kann ich mich identifizieren?

Für die Deutung gibt es kein Patentrezept.
Jeder Traum ist anders, jedem Traum liegt ein anderes Erfahrungsleben zugrunde, jede Seele hat ihre eigenen Bilder, Farben und Empfindungen.

Die wichtigsten Traumsymbole, die in den Träumen jedes Menschen vorkommen oder schon geträumt wurden, sind folgende:

Wald
Ein geheimnisvoller Ort, in dem viele harmlose und gefährliche Wesen leben. Wer sich im Wald verirrt, sucht auch im Leben seinen Weg. Wer seinen Weg ohne weiteres findet, kommt auch im Leben voran. In Träumen warnt der dunkle Wald vor Gefahren, vor Problemen, oder vor falschen Freunden. Ein vom Sonnenlicht durchfluteter Wald verheißt neue Kräfte und Erfolg.

Baum

Der Baum gilt in allen Kulturen als ein Symbol des Lebens. Ein Traum mit Bäumen ist eine der schönsten Erfahrungen. Bäume stehen für ein kraftvolles Leben, für Fruchtbarkeit und alles was wächst. Ein alter dürrer Baum zeigt ein hohes Alter in Gesundheit und Zufriedenheit an. Wird im Traum ein Baum gefällt, geht etwas in deinem Leben zu Ende. Ein Lebensabschnitt, eine Zusammenarbeit, ein Projekt oder ähnliches. Bäume zu pflanzen, ist ein gutes Zeichen für Verbundenheit.

Haus

Das Haus im Traum ist der menschliche Körper, du als Träumende selbst. Das Dach oder der Speicher stellen Bereiche dar, worin alte Erinnerungen verborgen sind, manchmal auch Dinge, die wir gerne im Verborgenen halten möchten. Das Wohnzimmer ist der Ort der Ruhe und der Besinnung, in dem auch alle geselligen Ereignisse stattfinden. Das Schlafzimmer ist der Bereich der intimen Zweisamkeit. In der Küche wird der Mensch gestärkt. Hier bekommt er Energie, um sein Leben zu meistern. Der Keller ist der geheimnisvolle Bereich des Unterbewussten. Eine Werkstatt ist analog dem Arbeitsleben des Menschen zu sehen.

Wasser

Wasser ist fast immer ein Symbol der Geburt. Es deutet auf Erfolge und sprudelnde Ideen hin. Im Traum stellt es die psychische Energie dar, welche dich beseelt. Jedes Gewässer ist ein Reservoir, angefüllt mit Energie und Stärke, dessen sich der Träumer nur bedienen muss. Die Stärke und Intensität der Energie ist wie der Zustand des Wassers. Erscheint es trübe, ist die Kraft gering. Ist es schwarz, gibt es unklare Verhältnisse, undurchsichtige Beziehungen oder Geschäfte. Langsam treten scheint angesagt.

Schnee

Wo es Schnee gibt, ist es kalt. So ist es auch im Traumgeschehen. Es ist kalt in der Seele, es fehlt die Wärme. Das sollte den dich zum Nachdenken anregen. Wahrscheinlich weißt du auch, woran es mangelt. Aber eine falsche Scham könnte dich zurückhalten. Mit ein wenig Mühe wird sich die Erstarrung lösen lassen.

Eis

Eine Eisfläche oder ein zugefrorener See stellen im Traum eine Warnung dar, Beziehungen zu Menschen nicht einfrieren zu lassen. Erspüre, wie es um deine nahen Beziehungen gerade steht. Das Symbol Eis wird vom Unterbewusstsein manchmal schon lange vorher gesendet, bevor eine Beziehung zu erstarren beginnt.

Tod

Keine Sorge: Träumst du vom Tod, ist es nicht das Lebensende. Es ist ein Wandlungssymbol, denn es wird etwas Neues kommen, für das etwas zu Ende geht. Es ist ein starkes Symbol, das einen ganz neuen positiven Lebensweg aufzeigt.

Das sind nur einige Symbole, die dir als Beispiel dienen sollen. Die meisten Träume sind individuell. Bestimmte Motive wiederholen sich zwar, aber du musst deine nächtlichen Traumfilme letztendlich zu deuten lernen.

Schenke deinen Träumen Aufmerksamkeit und Beachtung, dann öffnen sich neue Dimensionen und du bist in der Lage, bisher Verborgenes zu erkennen.

1. Rauhnacht
24./25. Dezember

Die erste Rauhnacht beginnt am 24. / 25. Dezember um 0:00 Uhr

Sie ist der Auftakt und entspricht dem Januar des nächsten Jahres.

Ihr Motto heißt:
Spüre die Qualität der Zeit

Gemeint ist nicht die Tageszeit oder dein Terminkalender. Es geht um die Qualität der Zeit, die du…wie verbringst? Es geht darum, das Gespür dafür zu entwickeln, was an der Zeit ist oder für was die Zeit reif ist.

Abends

Wie war die Stimmung, die Atmosphäre des vergangenen Tages?

☐ locker   ☐ angespannt   ☐ freudig   ☐ nervenaufreibend
☐ gelassen

☐ anders _____

Was hat sich heute ereignet?

_____

_____

_____

_____

_____

Wer oder welche Zeichen sind mir heute begegnet?

_____

_____

_____

_____

_____

_____

_____

Morgens

Wie habe ich geschlafen?

☐ unruhig ☐ gefroren ☐ zu warm ☐ mit Unterbrechung
☐ tief und fest ☐ lag wach

☐ anders _____

Was habe ich geträumt?

_____

_____

_____

Welche Gefühle und Empfindungen hatte ich beim Aufwachen?

☐ Angst ☐ Erregung ☐ Freude ☐ Beklemmung
☐ Verwirrtheit

☐ anders _____

Mein kommender Tag: Was muss ich heute eigentlich tun und wonach ist mir „in Wirklichkeit?"

_____

_____

_____

_____

_____

Meine Gedanken

2. Rauhnacht
25./26. Dezember

Sie entspricht dem Februar des
nächsten Jahres.

Ihr Motto heißt:
Tue es hingebungsvoll

Das heißt, lass dich innerlich berühren
von der Aufgabe, die du dir gestellt
hast. Annehmen, Sich-Einlassen,
Einverstanden sein, das ist heute deine
liebevolle Grundhaltung.
Bedenke: trage nichts, was nicht deins
ist. Verantworte nichts, was nicht
in deiner Verantwortung liegt und
kontrolliere nichts, was du ohnehin
nicht lenken kannst.

Abends

Wie war die Stimmung, die Atmosphäre des vergangenen Tages?

☐ locker　☐ angespannt　☐ freudig　☐ nervenaufreibend
☐ gelassen

☐ anders _____

Was hat sich heute ereignet?

_____
_____
_____
_____
_____

Wer oder welche Zeichen sind mir heute begegnet?

_____
_____
_____
_____
_____
_____
_____

Morgens

Wie habe ich geschlafen?

☐ unruhig ☐ gefroren ☐ zu warm ☐ mit Unterbrechung
☐ tief und fest ☐ lag wach

☐ anders _____

Was habe ich geträumt?

_____

_____

_____

Welche Gefühle und Empfindungen hatte ich beim Aufwachen?

☐ Angst ☐ Erregung ☐ Freude ☐ Beklemmung
☐ Verwirrtheit

☐ anders _____

Mein kommender Tag: Was muss ich heute eigentlich tun und wonach ist
mir „in Wirklichkeit?"

_____

_____

_____

_____

_____

Meine Gedanken

3. Rauhnacht
26./27. Dezember

Sie entspricht dem März des nächsten
Jahres.

<u>Ihr Motto heißt:</u>
Entdecke die Kraft deines Herzens

Leben heißt handeln und handeln
braucht deine Entscheidungen. Wenn
Entscheidungen dir Angst machen,
traust du dich nicht aus vollem Herzen
zu entscheiden. Du gehst nicht in
die Kraft. So gesehen ist manches
was dir widerfährt, eine Folge deines
Beschlusses, passiv zu bleiben.

Abends

Wie war die Stimmung, die Atmosphäre des vergangenen Tages?

☐ locker ☐ angespannt ☐ freudig ☐ nervenaufreibend
☐ gelassen

☐ anders _____

Was hat sich heute ereignet?

_____
_____
_____
_____
_____

Wer oder welche Zeichen sind mir heute begegnet?

_____
_____
_____
_____
_____
_____
_____

Morgens

Wie habe ich geschlafen?

☐ unruhig ☐ gefroren ☐ zu warm ☐ mit Unterbrechung
☐ tief und fest ☐ lag wach

☐ anders _____

Was habe ich geträumt?

_____

_____

_____

Welche Gefühle und Empfindungen hatte ich beim Aufwachen?

☐ Angst ☐ Erregung ☐ Freude ☐ Beklemmung
☐ Verwirrtheit

☐ anders _____

Mein kommender Tag: Was muss ich heute eigentlich tun und wonach ist
mir „in Wirklichkeit?"

_____

_____

_____

_____

_____

Meine Gedanken

4. Rauhnacht
27./28. Dezember

Sie entspricht dem April des nächsten Jahres.

Ihr Motto heißt:
Frieden finden

Friedlich ist es in dir, wenn du dir deiner Selbst gewiss bist. Wenn du mit dem Leben einverstanden bist und deine Fehler und Schächen anerkennst. Der Friede ist vielschichtig. Er beginnt mit dir selbst. Bist du in Frieden mit dir selbst?

Abends

4

Wie war die Stimmung, die Atmosphäre des vergangenen Tages?

☐ locker ☐ angespannt ☐ freudig ☐ nervenaufreibend
☐ gelassen

☐ anders _____

Was hat sich heute ereignet?

_____
_____
_____
_____
_____

Wer oder welche Zeichen sind mir heute begegnet?

_____
_____
_____
_____
_____
_____
_____

Morgens

Wie habe ich geschlafen?

☐ unruhig ☐ gefroren ☐ zu warm ☐ mit Unterbrechung
☐ tief und fest ☐ lag wach

☐ anders _____

Was habe ich geträumt?

_____

_____

_____

Welche Gefühle und Empfindungen hatte ich beim Aufwachen?

☐ Angst ☐ Erregung ☐ Freude ☐ Beklemmung
☐ Verwirrtheit

☐ anders _____

Mein kommender Tag: Was muss ich heute eigentlich tun und wonach ist
mir „in Wirklichkeit?"

_____

_____

_____

_____

_____

Meine Gedanken

5. Rauhnacht
28./29. Dezember

Sie entspricht dem Mai des nächsten Jahres.

Ihr Motto heißt:
Ins Vertrauen gehen

Stärke ist ein Ausdruck von Vertrauen. Wer sich selbst misstraut, misstraut auch anderen Menschen, dem Leben oder der Freude an der eigenen Entfaltung. So lässt du dich nicht ein, gehst nicht in deine Kraft, sondern büßt Stärke ein. Willst du das wirklich?

Abends

Wie war die Stimmung, die Atmosphäre des vergangenen Tages?

☐ locker ☐ angespannt ☐ freudig ☐ nervenaufreibend
☐ gelassen

☐ anders _____

Was hat sich heute ereignet?

_____
_____
_____
_____
_____

Wer oder welche Zeichen sind mir heute begegnet?

_____
_____
_____
_____
_____
_____
_____

Morgens

Wie habe ich geschlafen?

☐ unruhig ☐ gefroren ☐ zu warm ☐ mit Unterbrechung
☐ tief und fest ☐ lag wach

☐ anders _____

Was habe ich geträumt?

_____

_____

_____

Welche Gefühle und Empfindungen hatte ich beim Aufwachen?

☐ Angst ☐ Erregung ☐ Freude ☐ Beklemmung
☐ Verwirrtheit

☐ anders _____

Mein kommender Tag: Was muss ich heute eigentlich tun und wonach ist mir „in Wirklichkeit?"

_____

_____

_____

_____

_____

Meine Gedanken

6. Rauhnacht
29./30. Dezember

Sie entspricht dem Juni des nächsten Jahres.

Ihr Motto heißt:
Ruhe finden

Wenn du ruhst, ist das keine Tätigkeit. Aber Ruhe ist nicht gleichbedeutend mit Interessen- oder Teilnahmslosigkeit. Du selbst hinderst dich daran Ruhe zu finden; dann nämlich, wenn du Unruhe und Getriebenheit in dir zulässt. Ruhe ist ein Zustand, eine Gabe. Ruhe zu finden eine Aufgabe.

Abends

Wie war die Stimmung, die Atmosphäre des vergangenen Tages?

☐ locker ☐ angespannt ☐ freudig ☐ nervenaufreibend
☐ gelassen

☐ anders _____

Was hat sich heute ereignet?

_____
_____
_____
_____
_____

Wer oder welche Zeichen sind mir heute begegnet?

_____
_____
_____
_____
_____
_____
_____
_____

Morgens

Wie habe ich geschlafen?

☐ unruhig ☐ gefroren ☐ zu warm ☐ mit Unterbrechung
☐ tief und fest ☐ lag wach

☐ anders _____

Was habe ich geträumt?

_____

_____

_____

Welche Gefühle und Empfindungen hatte ich beim Aufwachen?

☐ Angst ☐ Erregung ☐ Freude ☐ Beklemmung
☐ Verwirrtheit

☐ anders _____

Mein kommender Tag: Was muss ich heute eigentlich tun und wonach ist
mir „in Wirklichkeit?"

_____

_____

_____

_____

_____

Meine Gedanken

7. Rauhnacht
30./31. Dezember

Sie entspricht dem Juli des nächsten
Jahres.

Ihr Motto heißt:
Für sich selbst sorgen

Betrachte einmal deinen Tageslauf.
Räumst du dir genügend Zeit für dich
selbst ein? Oder erwartest du von
anderen, dass sie dir geben, was nur
du dir selbst geben kannst? In diesem
Sinne sorge besser für dich selbst.
Entdecke deine Träume, Visionen und
Ideen. Egal was einmal war, du hast es
verdient, dass es dir gutgehen darf.

Abends

Wie war die Stimmung, die Atmosphäre des vergangenen Tages?

☐ locker ☐ angespannt ☐ freudig ☐ nervenaufreibend
☐ gelassen

☐ anders _____

Was hat sich heute ereignet?

_____

_____

_____

_____

_____

Wer oder welche Zeichen sind mir heute begegnet?

_____

_____

_____

_____

_____

_____

_____

Morgens

Wie habe ich geschlafen?

☐ unruhig ☐ gefroren ☐ zu warm ☐ mit Unterbrechung
☐ tief und fest ☐ lag wach

☐ anders _____

Was habe ich geträumt?

_____

_____

_____

Welche Gefühle und Empfindungen hatte ich beim Aufwachen?

☐ Angst ☐ Erregung ☐ Freude ☐ Beklemmung
☐ Verwirrtheit

☐ anders _____

Mein kommender Tag: Was muss ich heute eigentlich tun und wonach ist
mir „in Wirklichkeit?"

_____

_____

_____

_____

_____

Meine Gedanken

8. Rauhnacht
31. Dezember/1. Januar

Sie entspricht dem August des nächsten Jahres.

Ihr Motto heißt:
Wahrheit & Klarheit

Wahrheit ist immer deine Wahrheit, dein Plan, deine Sicht der Wirklichkeit. Wahrheit ist, was deinen Herzenswünschen entspringt und entspricht. Das erfordert Klarheit: Zuallererst bei dir selbst, um die Dinge aus Liebe zu dir selbst klar zu sehen, ohne Illusionen, ohne Glaubenssätze und ohne Ängste.

Abends

Wie war die Stimmung, die Atmosphäre des vergangenen Tages?

☐ locker　☐ angespannt　☐ freudig　☐ nervenaufreibend
☐ gelassen

☐ anders _____

Was hat sich heute ereignet?

_____

_____

_____

_____

_____

Wer oder welche Zeichen sind mir heute begegnet?

_____

_____

_____

_____

_____

_____

_____

Morgens

Wie habe ich geschlafen?

☐ unruhig ☐ gefroren ☐ zu warm ☐ mit Unterbrechung
☐ tief und fest ☐ lag wach

☐ anders _____

Was habe ich geträumt?

_____

_____

_____

Welche Gefühle und Empfindungen hatte ich beim Aufwachen?

☐ Angst ☐ Erregung ☐ Freude ☐ Beklemmung
☐ Verwirrtheit

☐ anders _____

Mein kommender Tag: Was muss ich heute eigentlich tun und wonach ist
mir „in Wirklichkeit?"

_____

_____

_____

_____

_____

Meine Gedanken

9. Rauhnacht
1./2. Januar

Sie entspricht dem September des nächsten Jahres.

Ihr Motto heißt:
Gelassenheit

Das Gefühl der Ruhe und Geborgenheit, Zufriedenheit und Gleichmut ermöglicht schließlich Gelassenheit. Doch von diesem Zustand bist du oft meilenweit entfernt, trotz aller klaren Erkenntnis und Vorsätze. Wie schnell bringt dich ein provokantes Wort, ein banales Ereignis wieder aus deiner vermeintlichen Mitte? Was nützt dir die eben gewonnene Klarheit, wenn doch immer wieder die Angst siegt?

Abends

Wie war die Stimmung, die Atmosphäre des vergangenen Tages?

☐ locker ☐ angespannt ☐ freudig ☐ nervenaufreibend
☐ gelassen

☐ anders _____

Was hat sich heute ereignet?

_____
_____
_____
_____
_____

Wer oder welche Zeichen sind mir heute begegnet?

_____
_____
_____
_____
_____
_____
_____

Morgens

Wie habe ich geschlafen?

☐ unruhig ☐ gefroren ☐ zu warm ☐ mit Unterbrechung
☐ tief und fest ☐ lag wach

☐ anders _____

Was habe ich geträumt?

_____

_____

_____

Welche Gefühle und Empfindungen hatte ich beim Aufwachen?

☐ Angst ☐ Erregung ☐ Freude ☐ Beklemmung
☐ Verwirrtheit

☐ anders _____

Mein kommender Tag: Was muss ich heute eigentlich tun und wonach ist mir „in Wirklichkeit?"

_____

_____

_____

_____

_____

Meine Gedanken

10. Rauhnacht
2./3. Januar

Sie entspricht dem Oktober des
nächsten Jahres.

Ihr Motto heißt:
Reise in das neue Leben

Bereite dich heute auf einen neuen
Abschnitt deiner Lebensreise, auf das
neue Jahr oder vielleicht auch auf mehr,
vor. Reisen bedeutet immer, offen zu
sein für das Ungewohnte. Gib heute
allen spontanen Gedanken und Einfällen
nach, halte sie fest. Gib nicht der Furcht
nach, sie seien zu schön, um wahr zu
sein, um Wirklichkeit zu werden.

Abends

Wie war die Stimmung, die Atmosphäre des vergangenen Tages?

☐ locker ☐ angespannt ☐ freudig ☐ nervenaufreibend
☐ gelassen

☐ anders _____

Was hat sich heute ereignet?

_____
_____
_____
_____
_____

Wer oder welche Zeichen sind mir heute begegnet?

_____
_____
_____
_____
_____
_____
_____

Morgens

Wie habe ich geschlafen?

☐ unruhig ☐ gefroren ☐ zu warm ☐ mit Unterbrechung
☐ tief und fest ☐ lag wach

☐ anders _____

Was habe ich geträumt?

_____

_____

_____

Welche Gefühle und Empfindungen hatte ich beim Aufwachen?

☐ Angst ☐ Erregung ☐ Freude ☐ Beklemmung
☐ Verwirrtheit

☐ anders _____

Mein kommender Tag: Was muss ich heute eigentlich tun und wonach ist mir „in Wirklichkeit?"

_____

_____

_____

_____

_____

Meine Gedanken

11. Rauhnacht
3./4. Januar

Sie entspricht dem November des
nächsten Jahres.

Ihr Motto heißt:
Sich selbst neu erfühlen.

Schaue heute zurück auf die ersten
zehn Tage deiner Pause zwischen
den Jahren. Greife die Fäden auf, die
du gesponnen hast. Verknüpfe sie zu
einem Bild, das dich leitet. Wie nimmst
du wahr, was dir in den vergangenen
Rauhnächten begegnet ist? Spüre
hinein in Entwürfe und Alternativen und
achte auf dein Herz, wie es sich dabei
anfühlt.

Abends

Wie war die Stimmung, die Atmosphäre des vergangenen Tages?

☐ locker   ☐ angespannt   ☐ freudig   ☐ nervenaufreibend
☐ gelassen

☐ anders _____

Was hat sich heute ereignet?

_____

_____

_____

_____

_____

Wer oder welche Zeichen sind mir heute begegnet?

_____

_____

_____

_____

_____

_____

_____

Morgens

Wie habe ich geschlafen?

☐ unruhig ☐ gefroren ☐ zu warm ☐ mit Unterbrechung
☐ tief und fest ☐ lag wach

☐ anders _____

Was habe ich geträumt?

_____
_____
_____

Welche Gefühle und Empfindungen hatte ich beim Aufwachen?

☐ Angst ☐ Erregung ☐ Freude ☐ Beklemmung
☐ Verwirrtheit

☐ anders _____

Mein kommender Tag: Was muss ich heute eigentlich tun und wonach ist
mir „in Wirklichkeit?"

_____
_____
_____
_____
_____

Meine Gedanken

12. Rauhnacht
4./5. Januar

Sie entspricht dem Dezember des nächsten Jahres.

<u>Ihr Motto heißt:</u>
Kreativ sein

Deine Gedanken wirken nicht, ohne dass ihnen ernste Taten folgen. Mit deinen Gedanken gestaltest du, mit deinem Wort bezeugst du Bereitschaft und nur mit der Tat bist du wirklich. Du möchtest doch „Wirklichkeit?". Deshalb nutze diese letzte Rauhnacht, um dich „zu sortieren". Denn schon morgen geht es zurück über die Schwelle in den Lebensalltag.

Abends

Wie war die Stimmung, die Atmosphäre des vergangenen Tages?

☐ locker ☐ angespannt ☐ freudig ☐ nervenaufreibend
☐ gelassen

☐ anders _____

Was hat sich heute ereignet?

_____

_____

_____

_____

_____

Wer oder welche Zeichen sind mir heute begegnet?

_____

_____

_____

_____

_____

_____

_____

Morgens

Wie habe ich geschlafen?

☐ unruhig ☐ gefroren ☐ zu warm ☐ mit Unterbrechung
☐ tief und fest ☐ lag wach

☐ anders _____

Was habe ich geträumt?

_____

_____

_____

Welche Gefühle und Empfindungen hatte ich beim Aufwachen?

☐ Angst ☐ Erregung ☐ Freude ☐ Beklemmung
☐ Verwirrtheit

☐ anders _____

Mein kommender Tag: Was muss ich heute eigentlich tun und wonach ist
mir „in Wirklichkeit?"

_____

_____

_____

_____

_____

Meine Gedanken

Rückkehr in den Alltag

Mit dem heutigen 6. Januar, dem 13. Tag tauchst du wieder in die gewohnte Wirklichkeit ein. Sieh dir noch einmal deine Aufzeichnungen an.

Dinge, die du im Traum oder Wachbewusstsein „gesehen " hast, zeigten dir Themen, für die die Zeit „reif" ist. Sei liebevoll zu diesen Wünschen, Träumen und Ambitionen. Denn sie brauchen deine Hilfe, um in die Welt zu kommen.

Wenn du dich nicht um sie kümmerst, werden sie sterben.

Wenn du in deiner Kraft bist, wird dir viel gelingen – sicherlich nicht immer alles. Sei darauf gefasst, dass es auch Rückschläge geben kann, dass nicht alles gleich gelingt. Und öffne in deinen Plänen dem Schicksal Spielräume.

Nicht alles musst und kannst du regeln. Also versuche es gar nicht erst und sei gespannt auf das, was dir begegnet.

Wie anders solltest du sonst angenehm überrascht werden können?

Wie will ich umgehen mit dem, was ich in den Rauhnächten erlebt und erspürt habe?

_____

_____

_____

_____

_____

_____

_____

_____

_____

Welche Themen werde ich in diesem Jahr aufnehmen und zu meiner persönlichen Entfaltung angehen?

Und so ist es im neuen Jahr weitergegangen:

Was denkst du?

Wenn dir dieses Buch gefallen hat, freue ich mich über eine Bewertung bei Amazon oder direkt beim Tredition Verlag. Sie gibt mir die Motivation, um weitere Bücher in meiner rot/grauen Reihe zu schreiben und auch das Wissen, wie ich sie so angehen kann, dass ich dich damit am besten unterstütze.

Selbstverständlich ist sowohl positives, als auch kritisches Feedback willkommen. Mit beidem kann ich meine Bücher kontinuierlich für meine Leserinnen verbessern, denn das ist mir sehr wichtig.

Über positives Feedback freue ich mich aber natürlich ganz besonders. Schenk mir doch jetzt noch zwei Minuten deiner Zeit und schreib mir mit ein oder zwei Zeilen gleich noch eine kurze Bewertung zu diesem Buch.

Vielen herzlichen Dank,

Ilona

PS: Nähere Informationen zu anderen Angeboten mit mir findest du unter:
www.ilona-steinert.de

Die bisherige Ilona Steinert Buchreihe im Überblick

Paperback € 19,80
ISBN: 978-3-7482-9465-8

Paperback € 12,80
ISBN: 978-3-7497-1326-4

Hardcover € 19,80
ISBN: 978-3-7497-1327-1

Paperback € 12,80
ISBN: 978-3-7497-3850-2

Zeitfracht Medien GmbH
Ferdinand-Jühlke-Straße 7
99095 Erfurt, Deutschland
produktsicherheit@kolibri360.de